Livre de coloriage de
Football

Coloring Pages for Kids

Coloring Pages for Kids
An imprint of Ciparum LLC

Livre de coloriage de Football
© 2017 Ciparum LLC
All rights reserved.
ISBN-10:1-63589-421-2
ISBN-13:978-1-63589-421-9

Coloring Pages for Kids

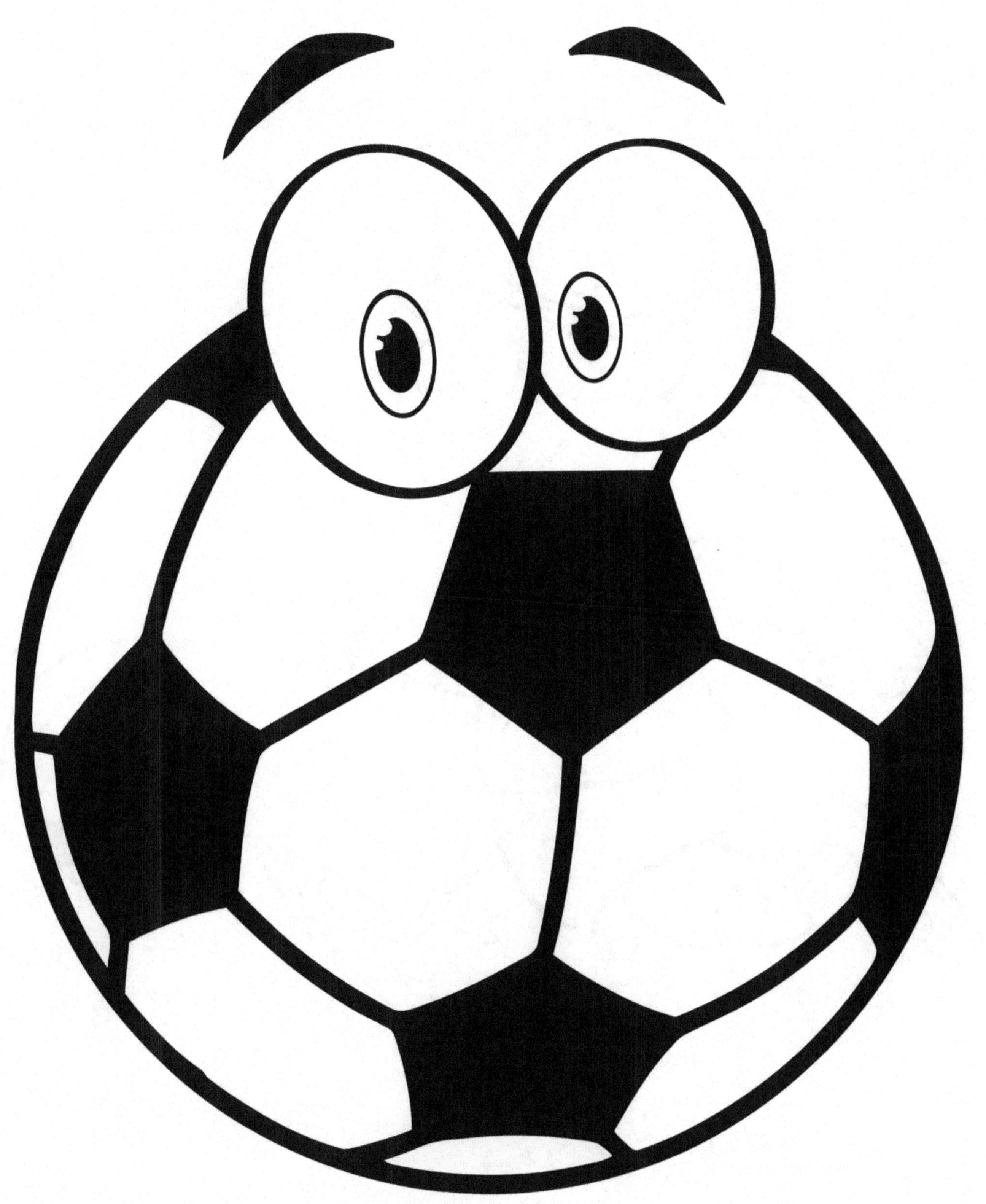

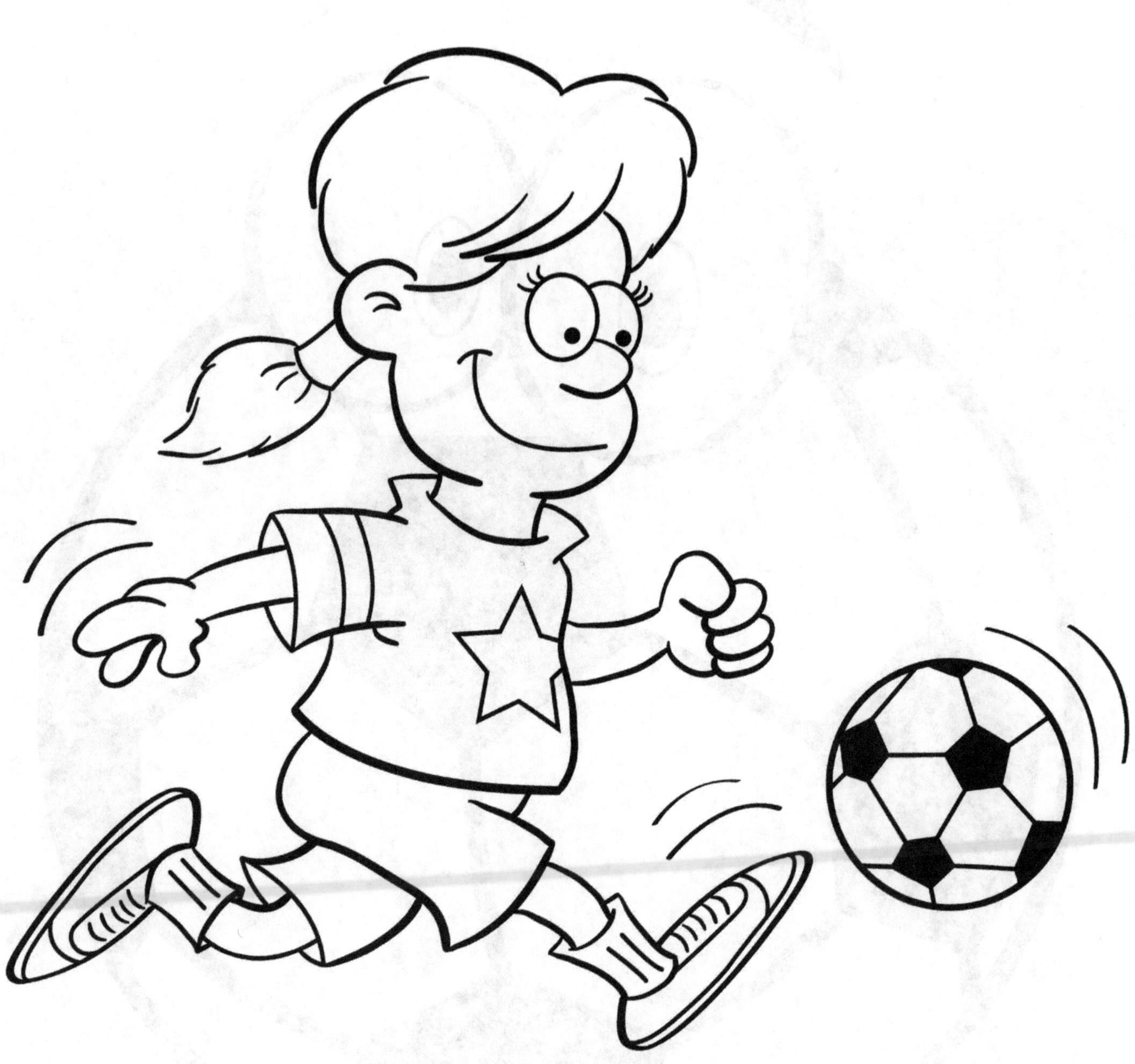

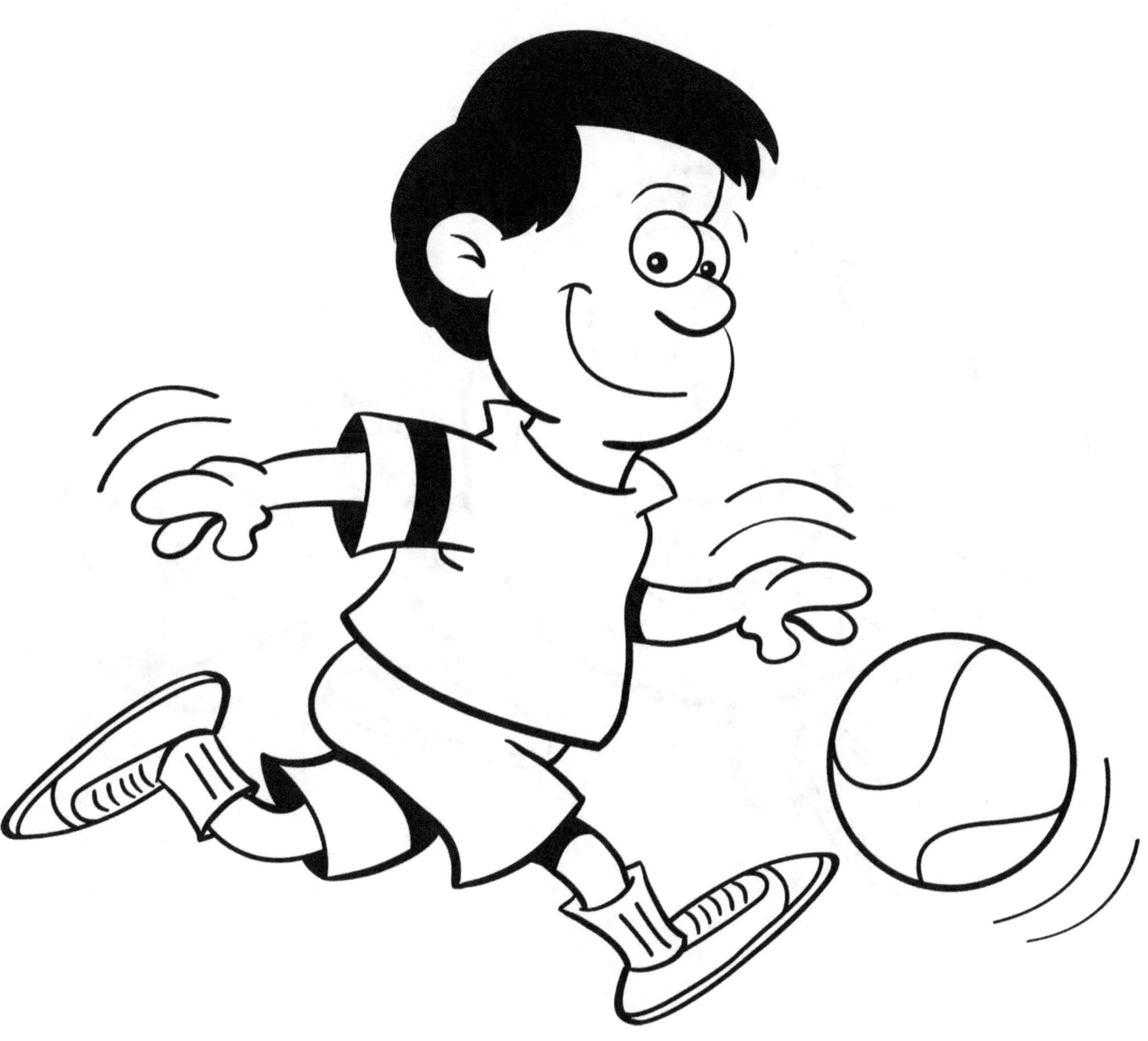

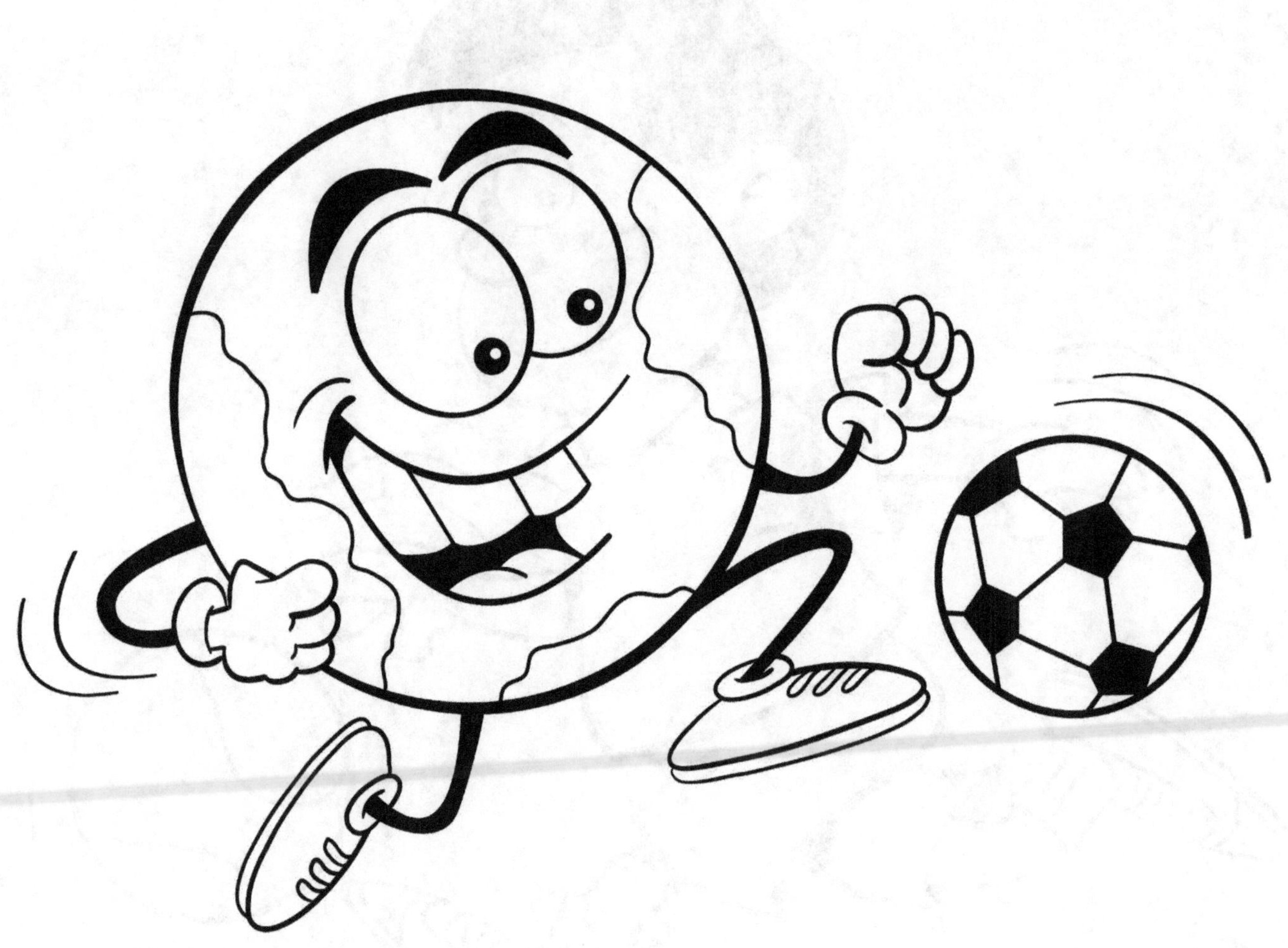

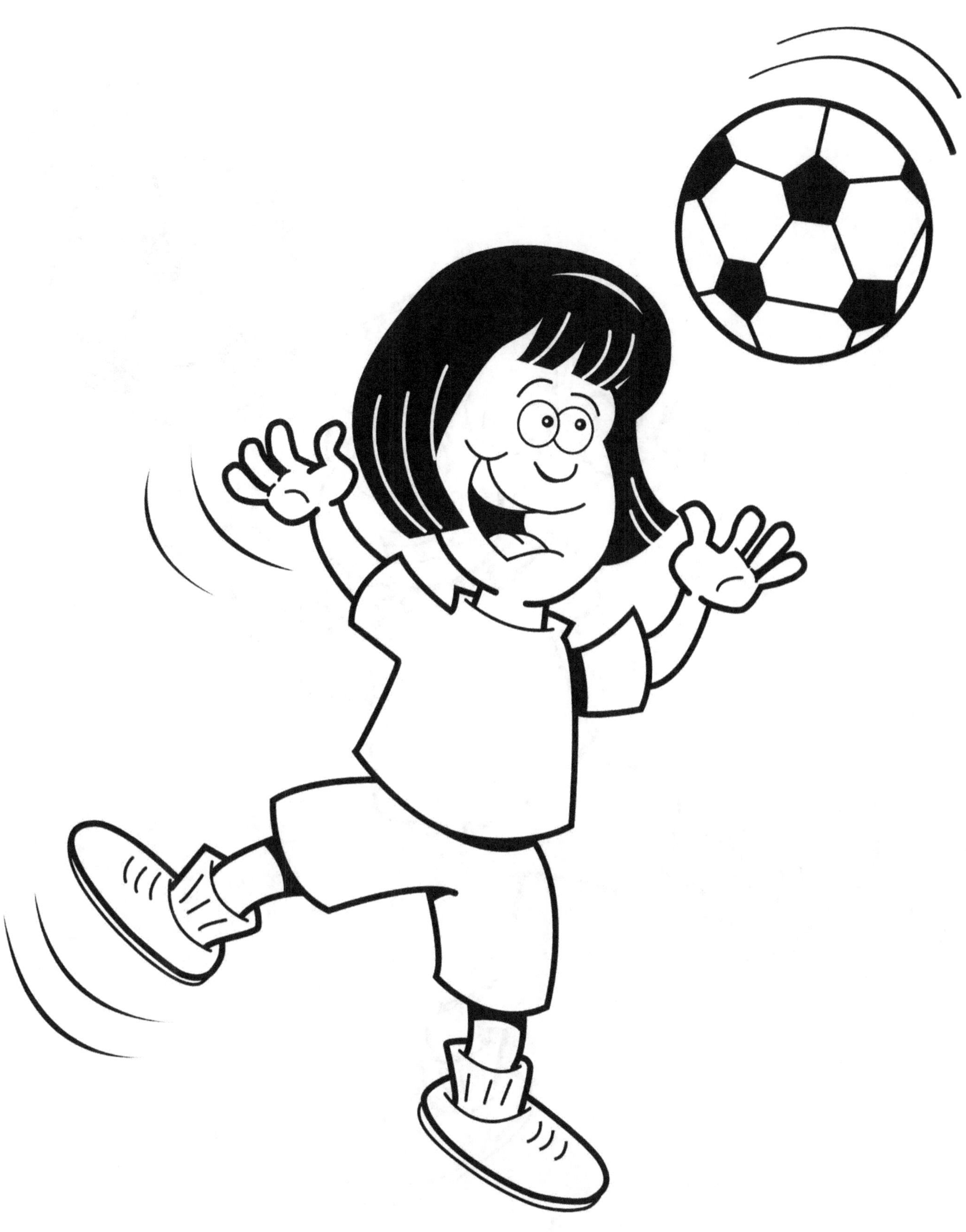

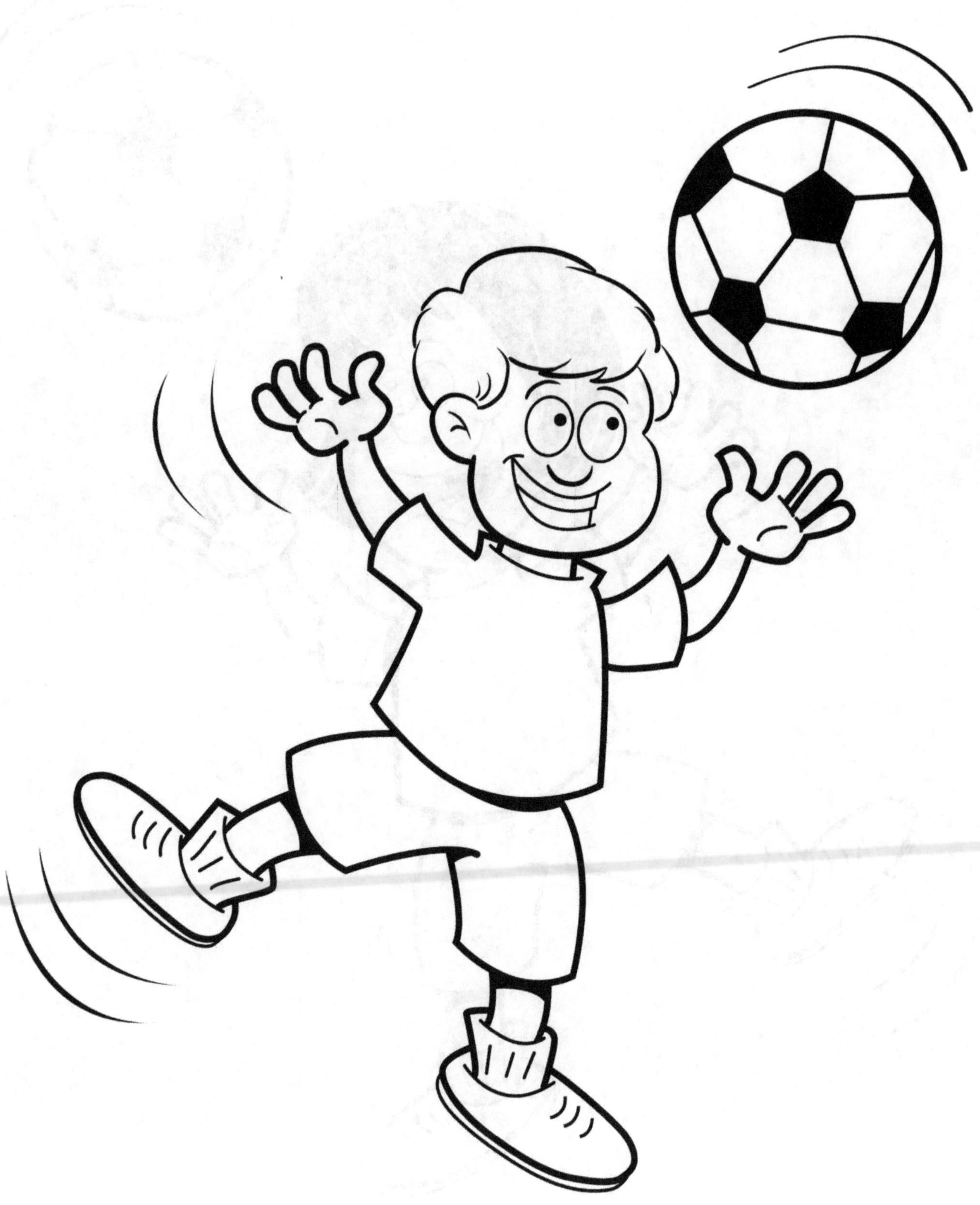

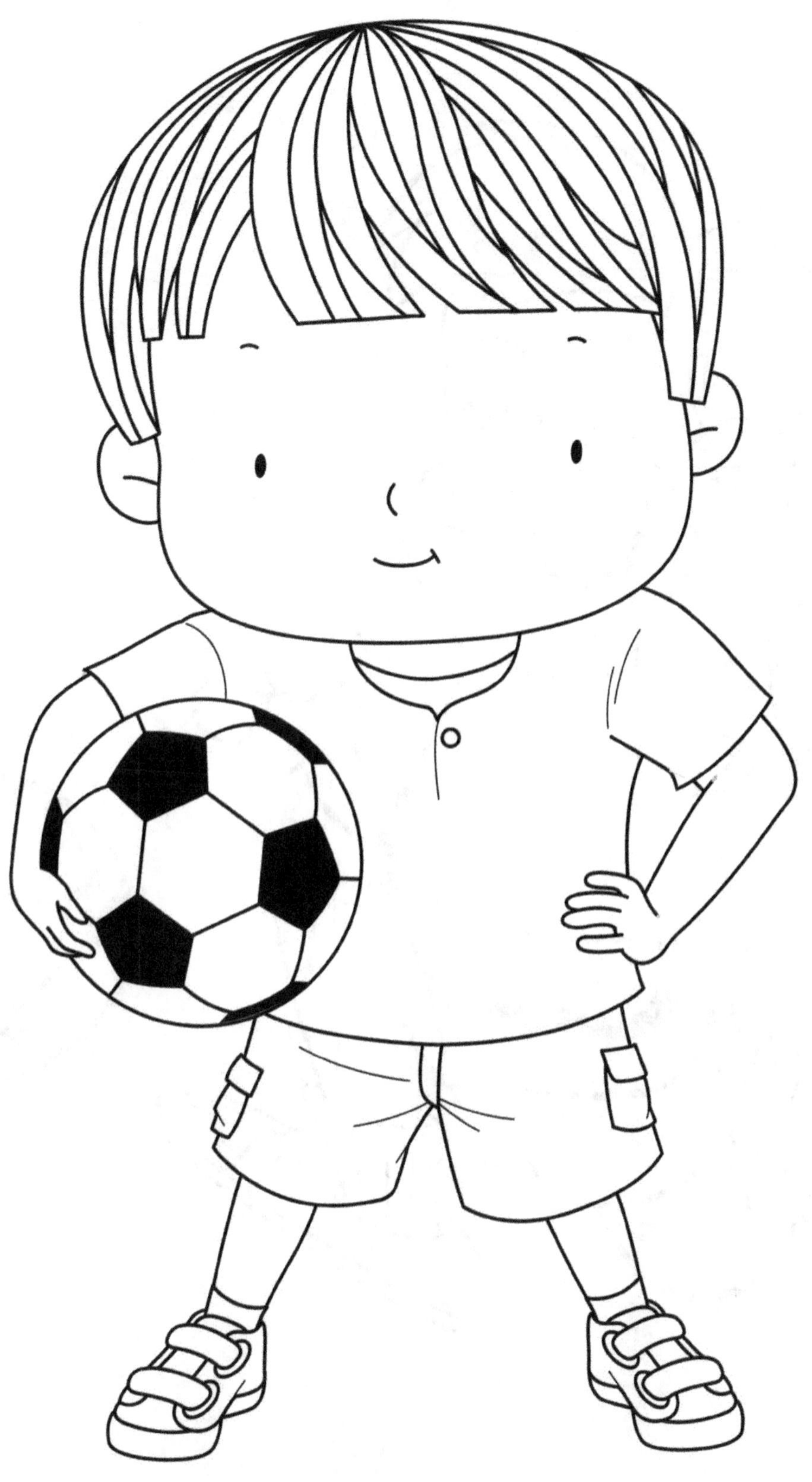

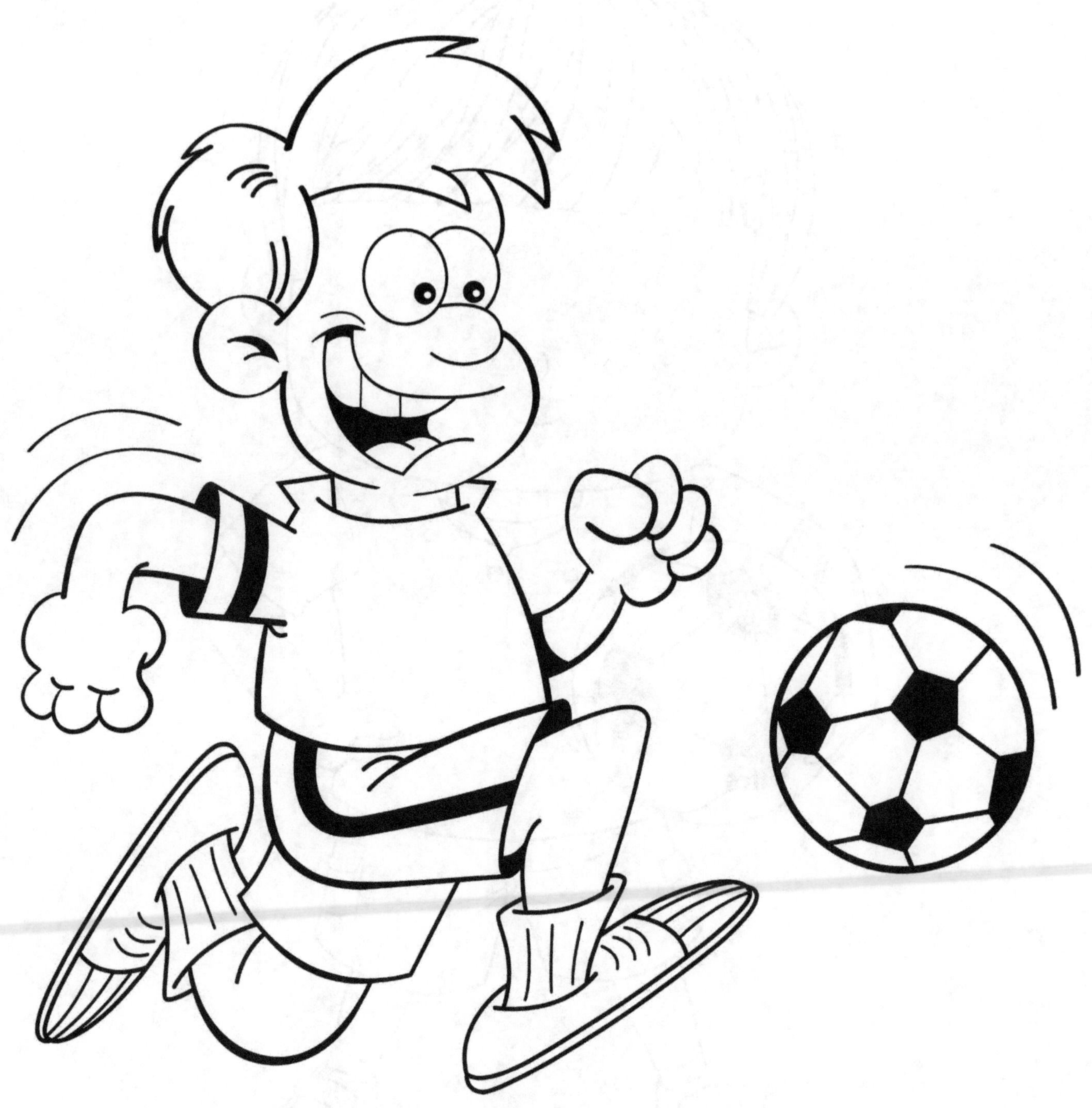

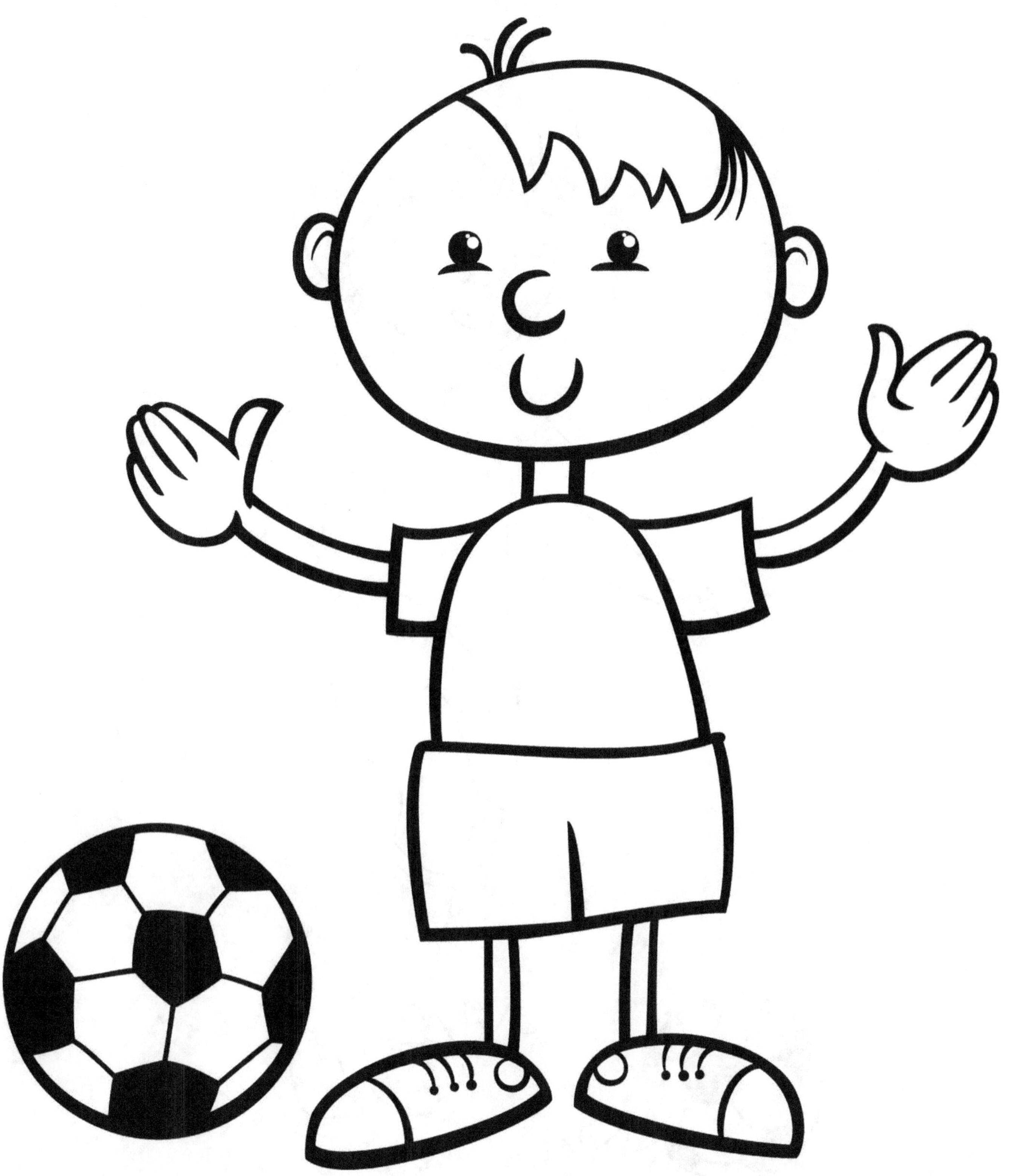

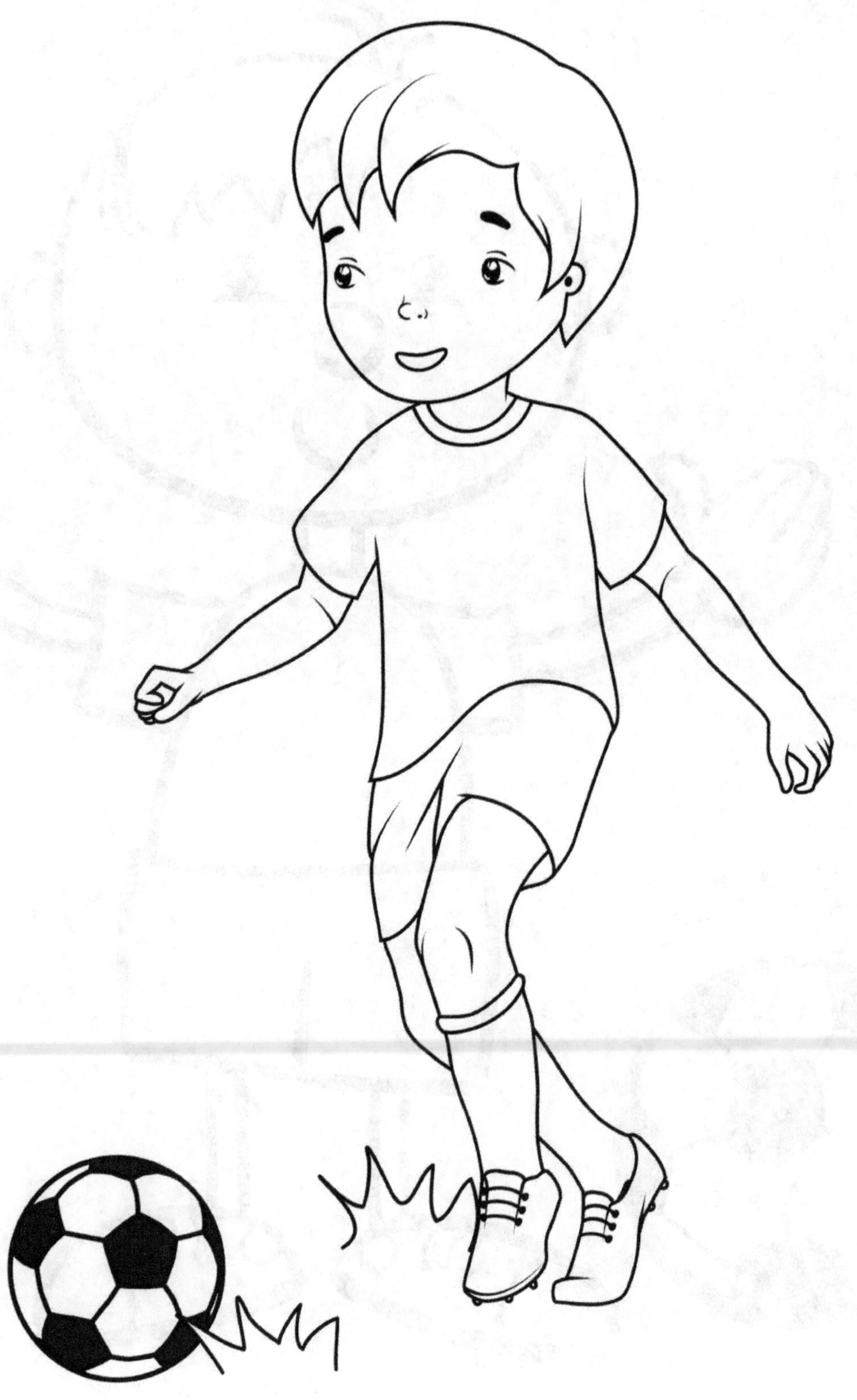

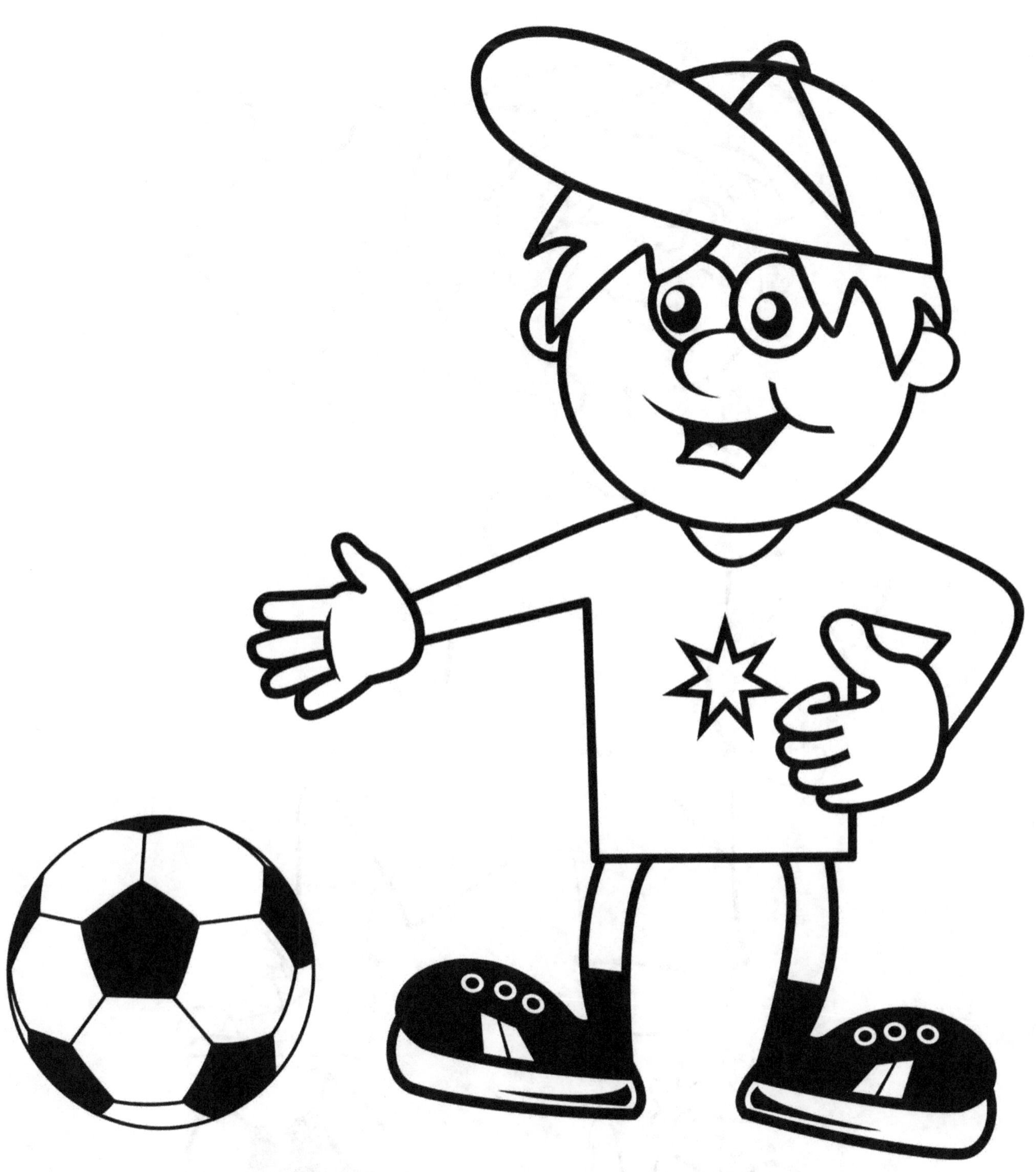

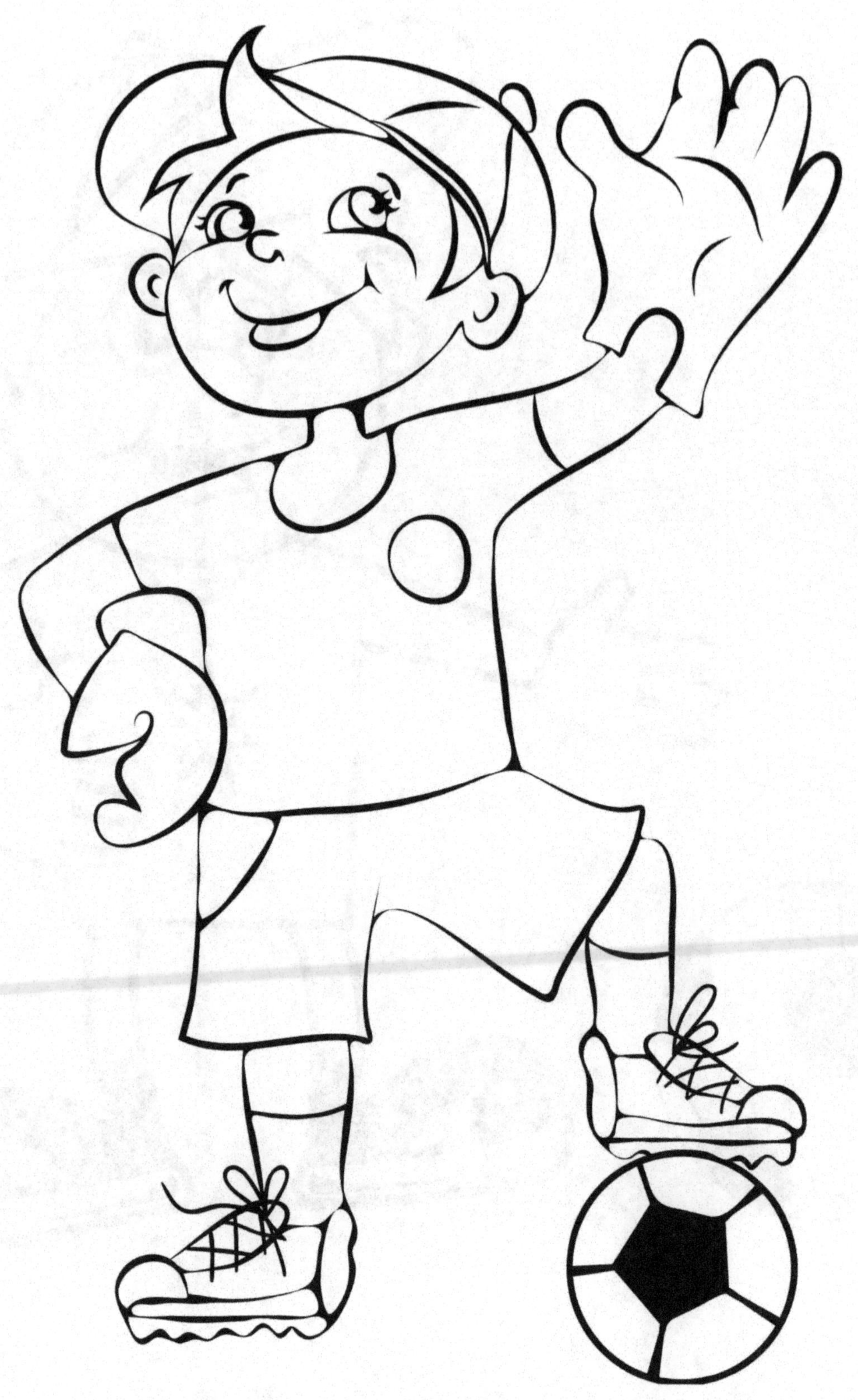

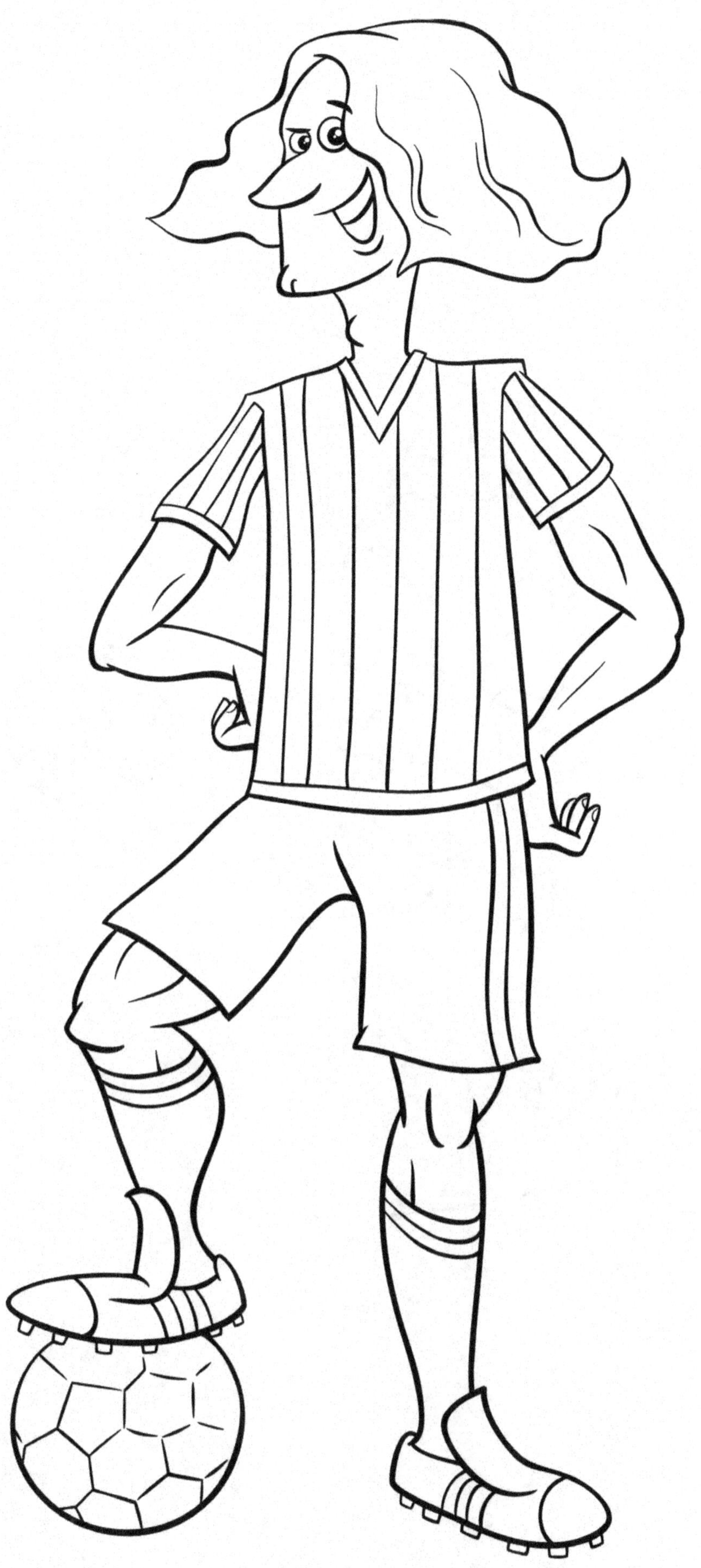

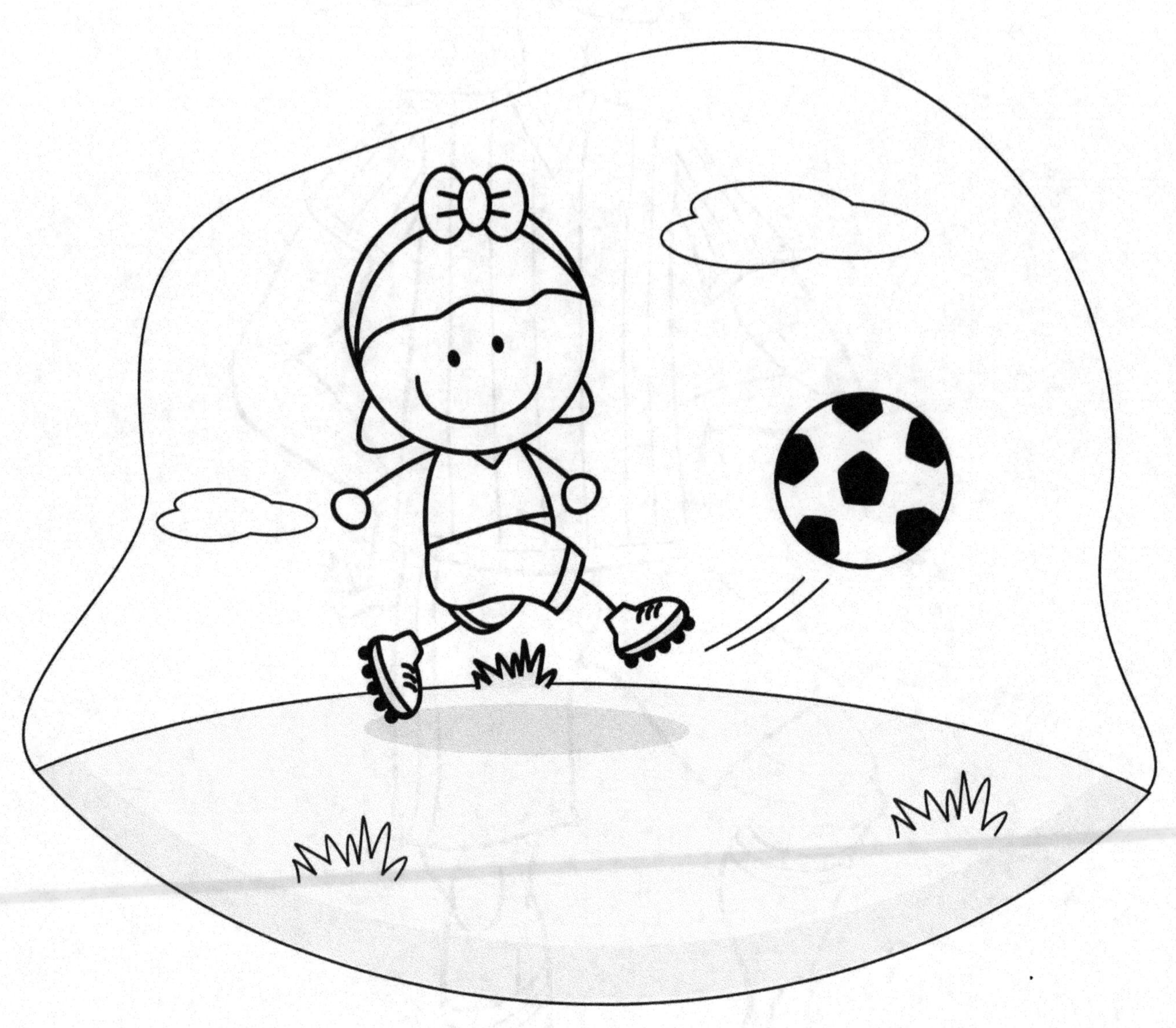

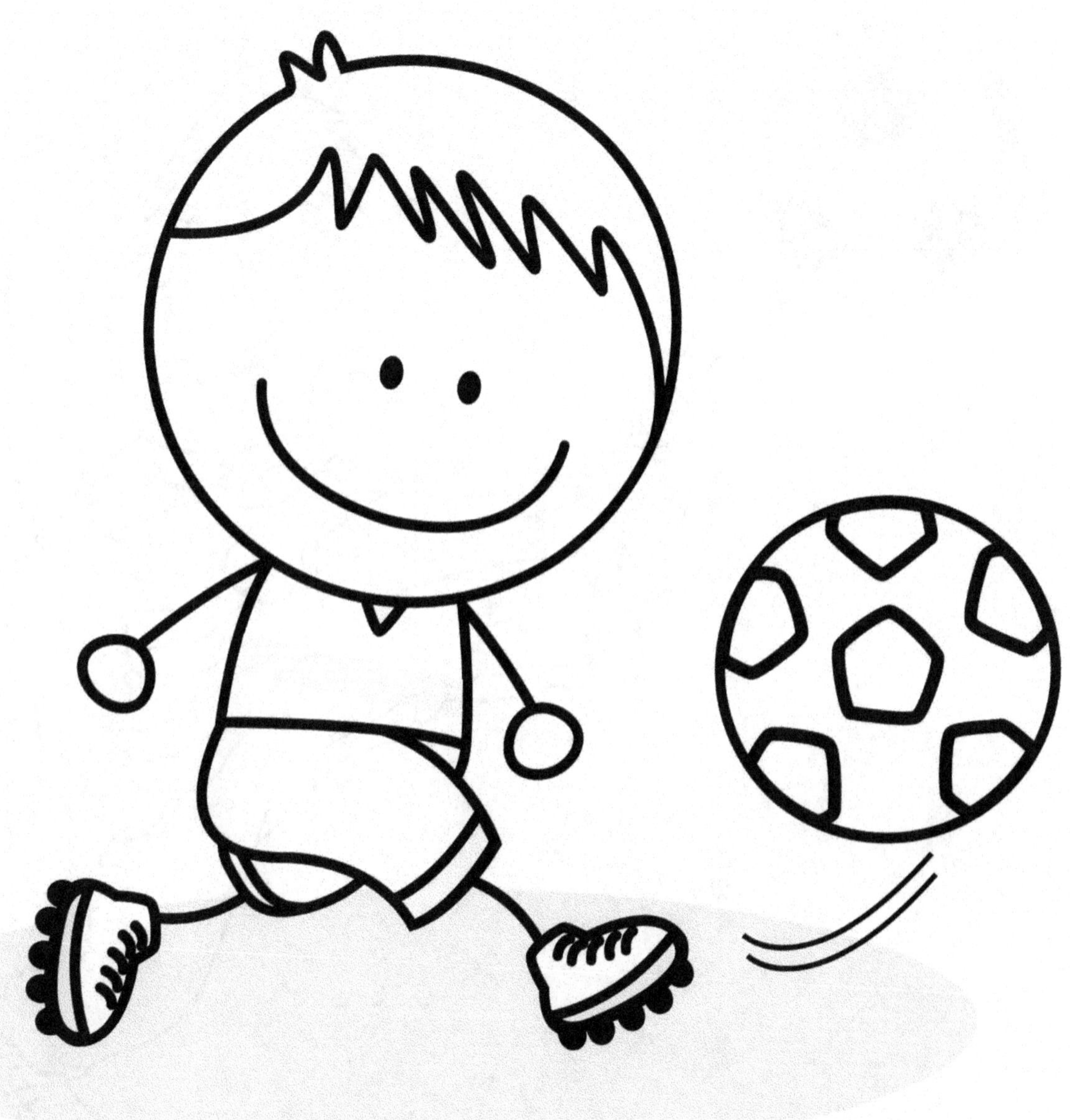

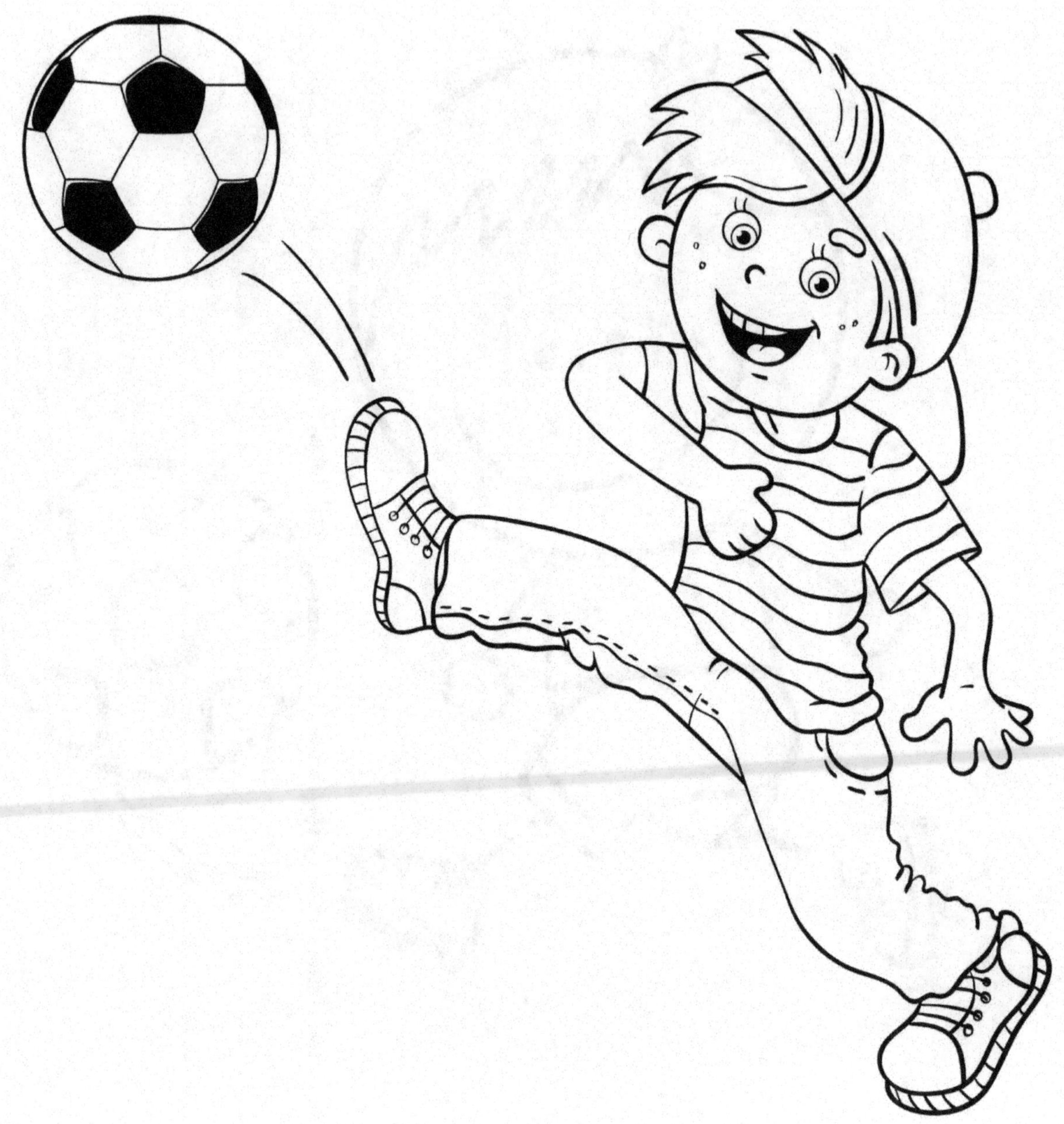

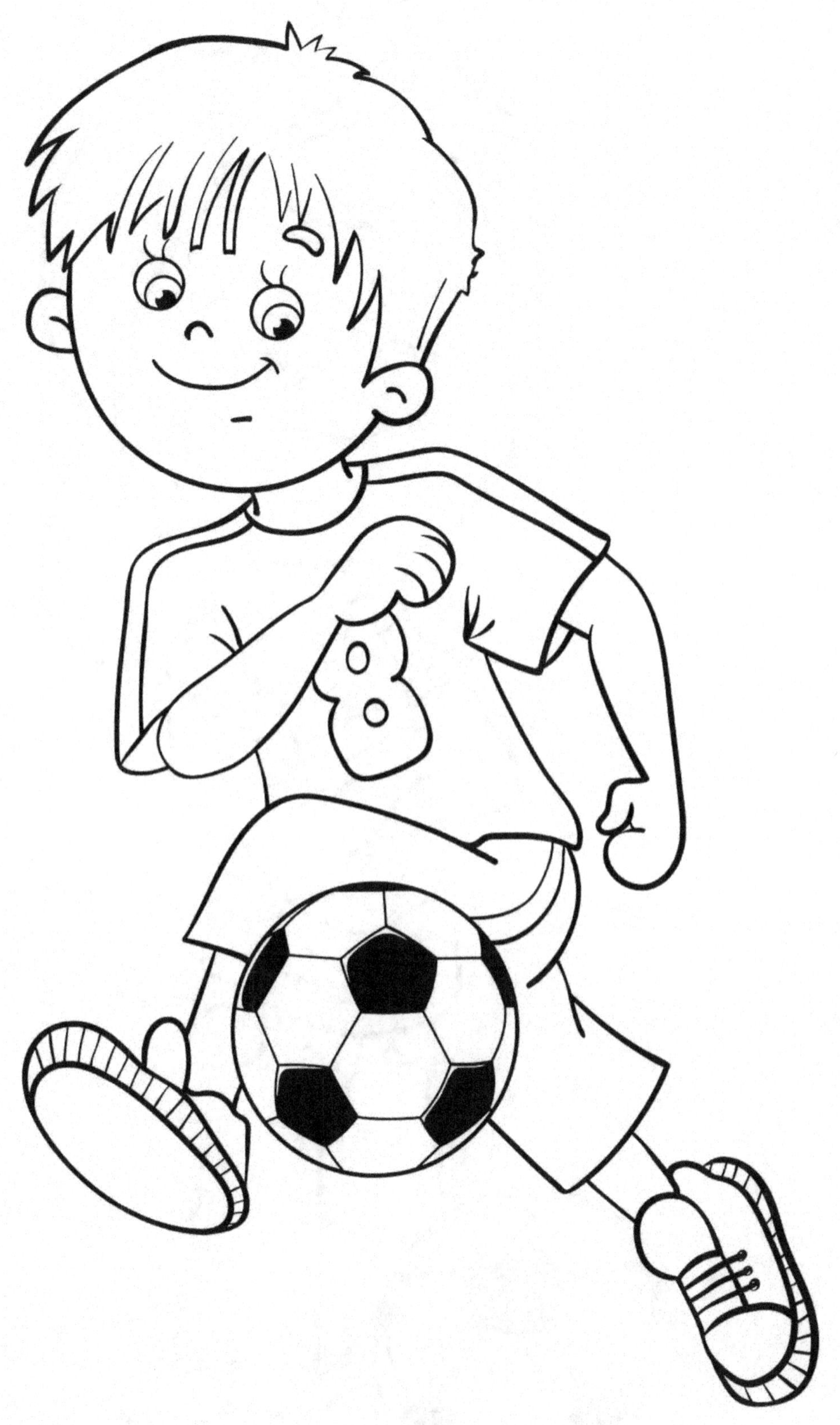

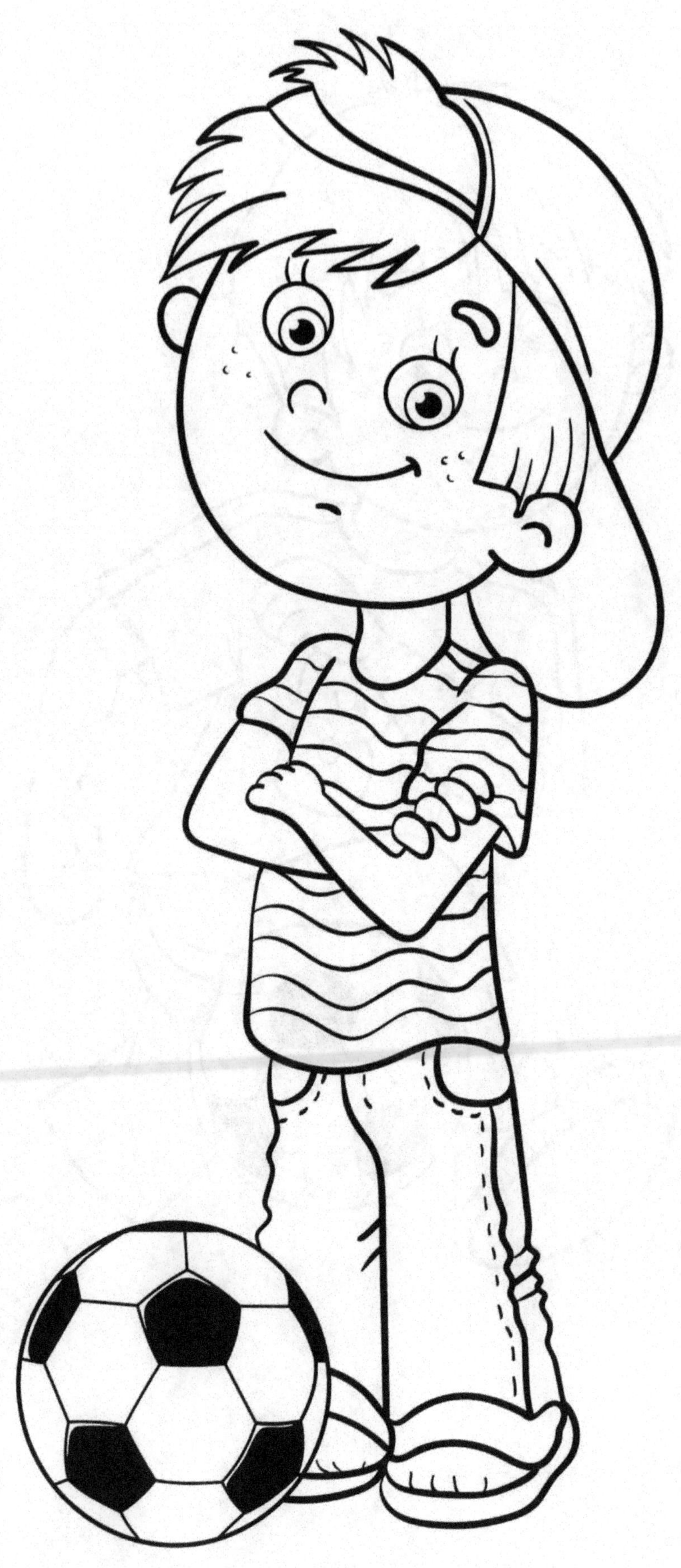

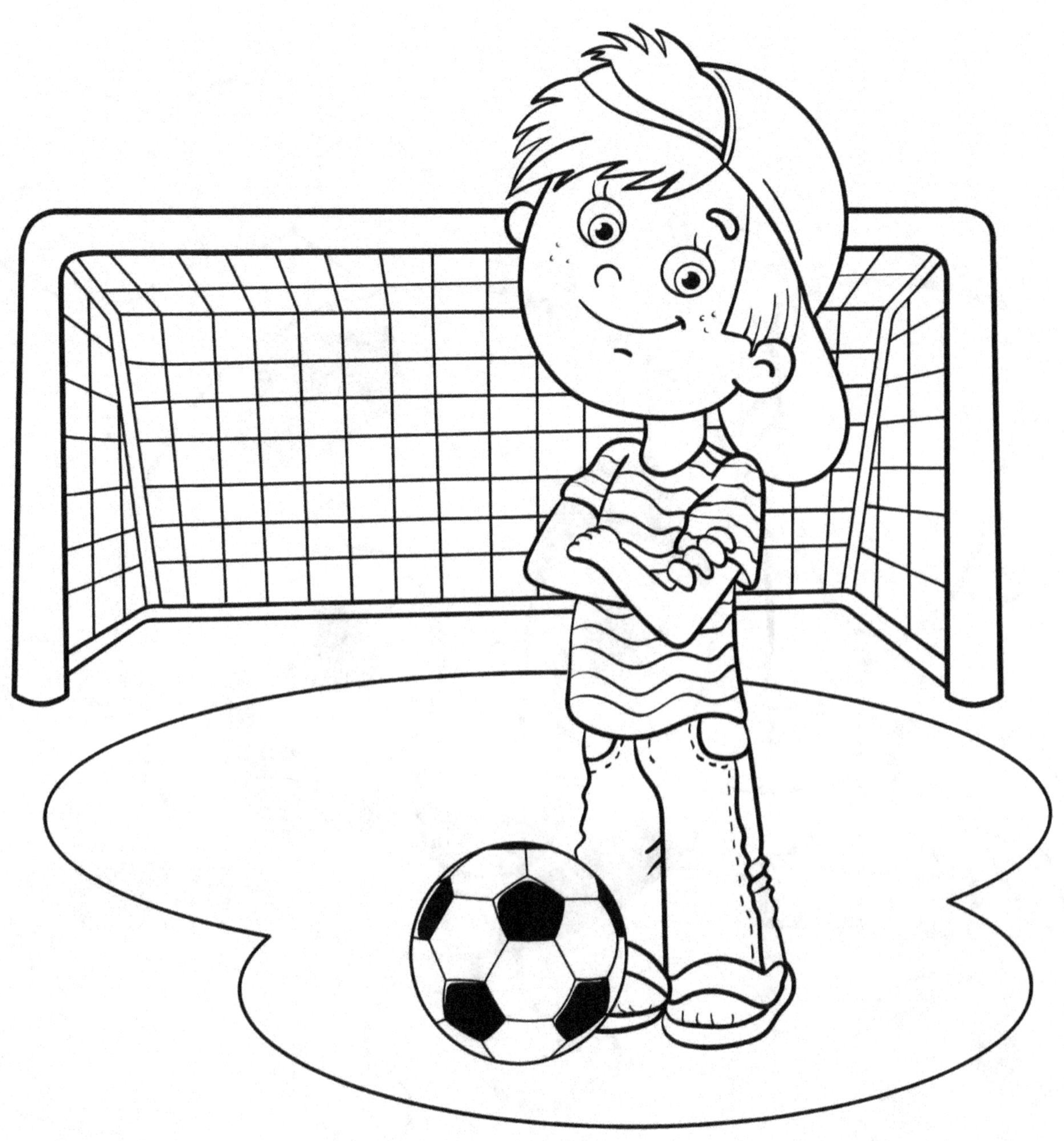

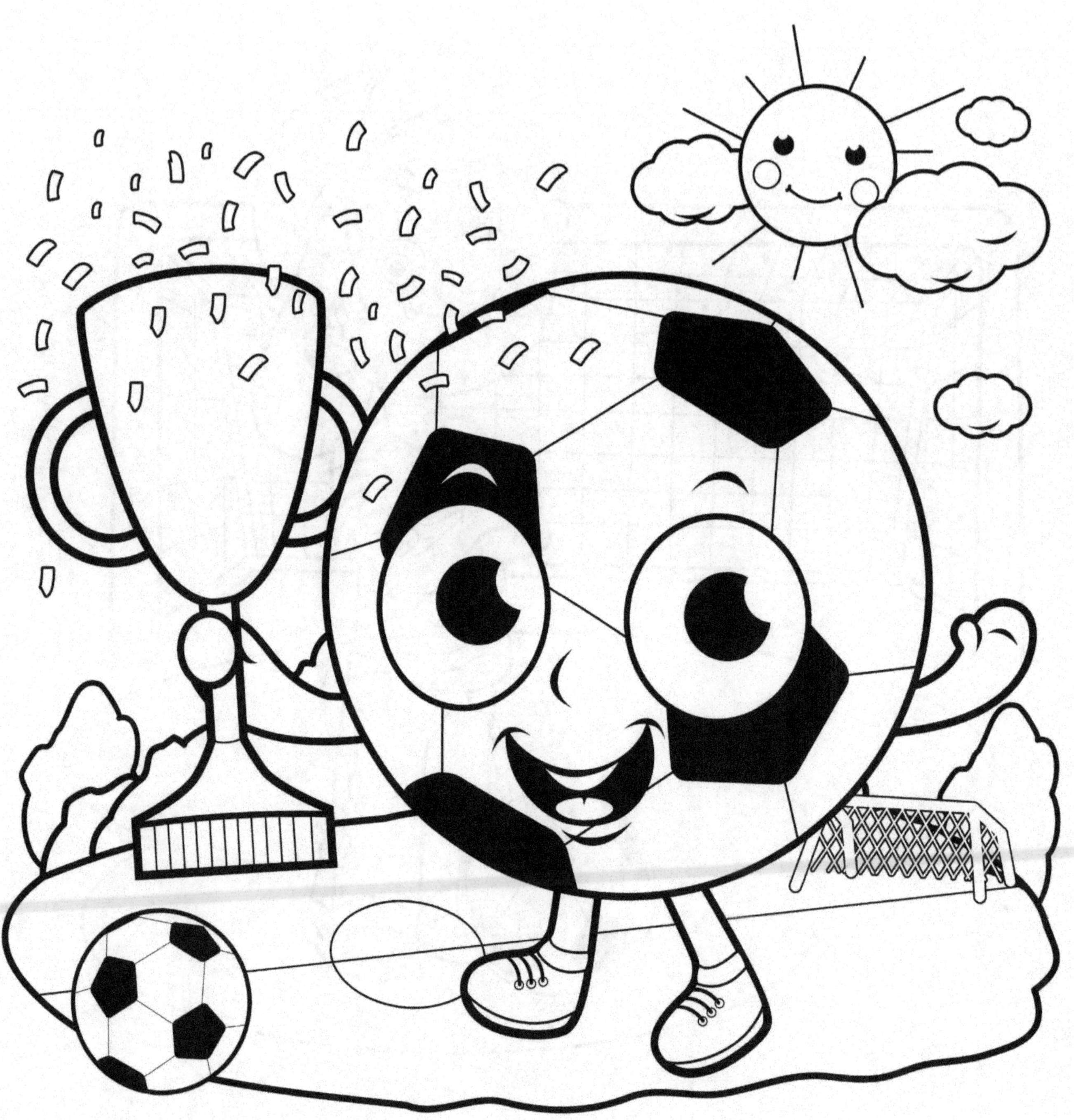

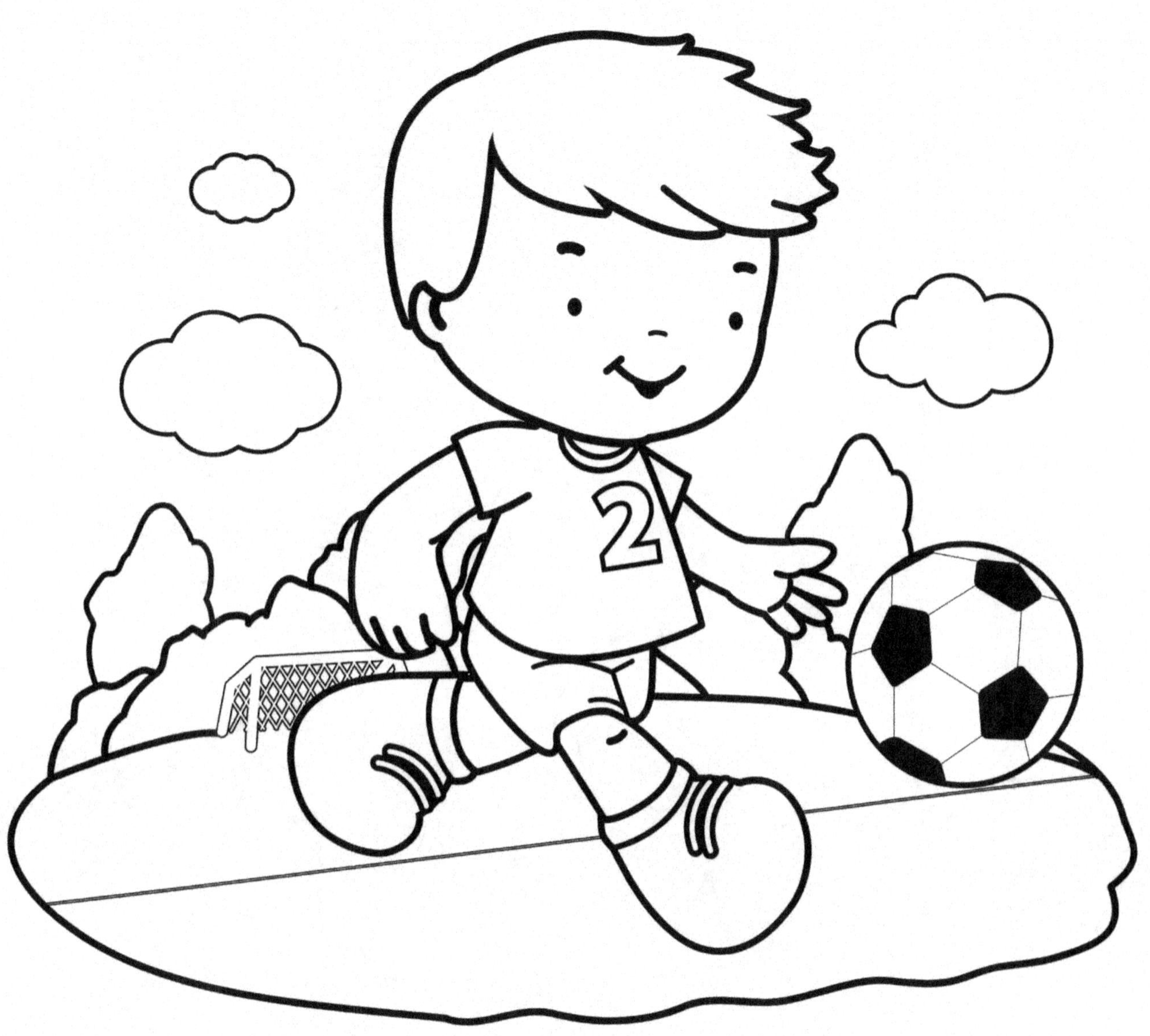

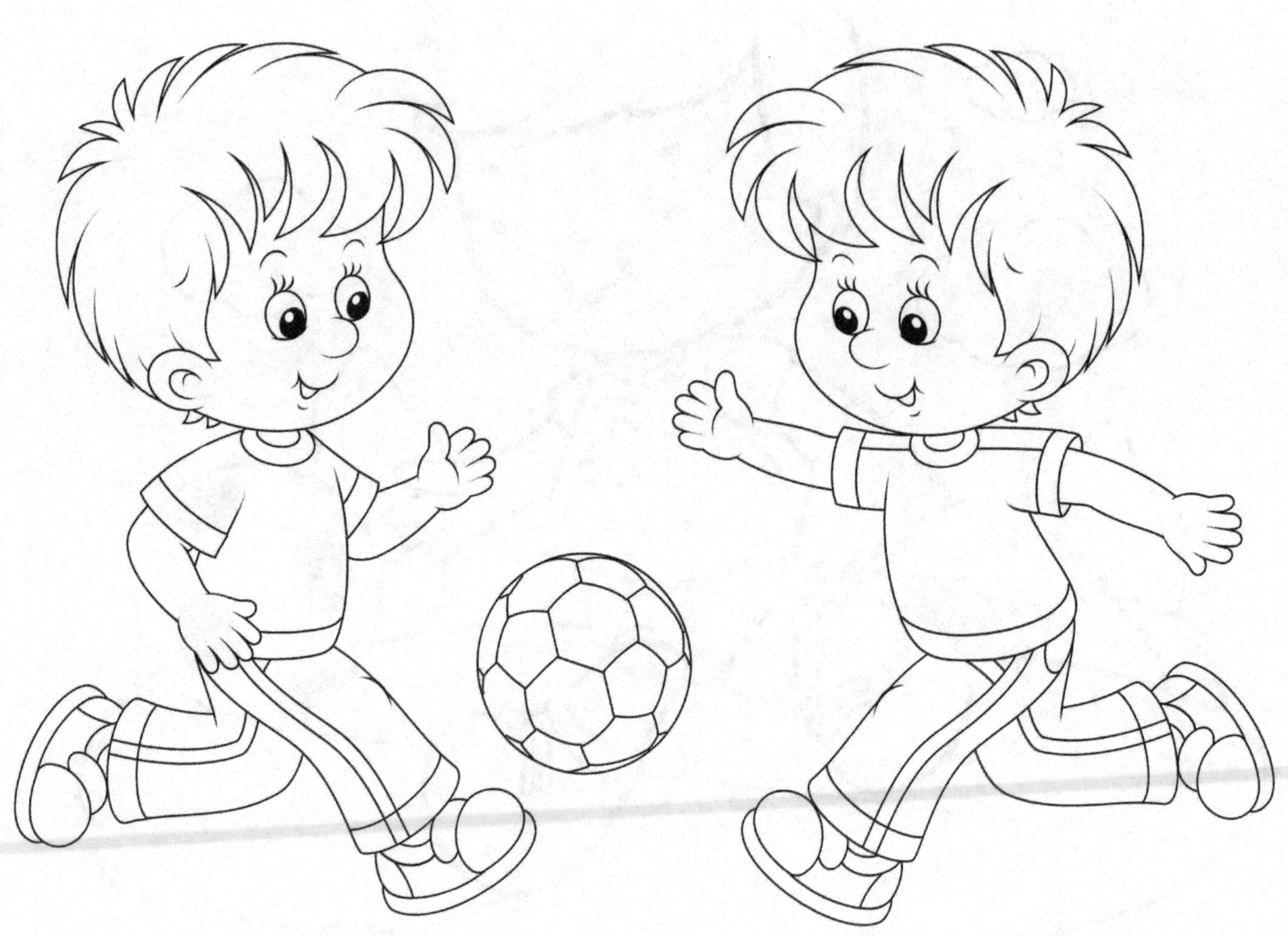

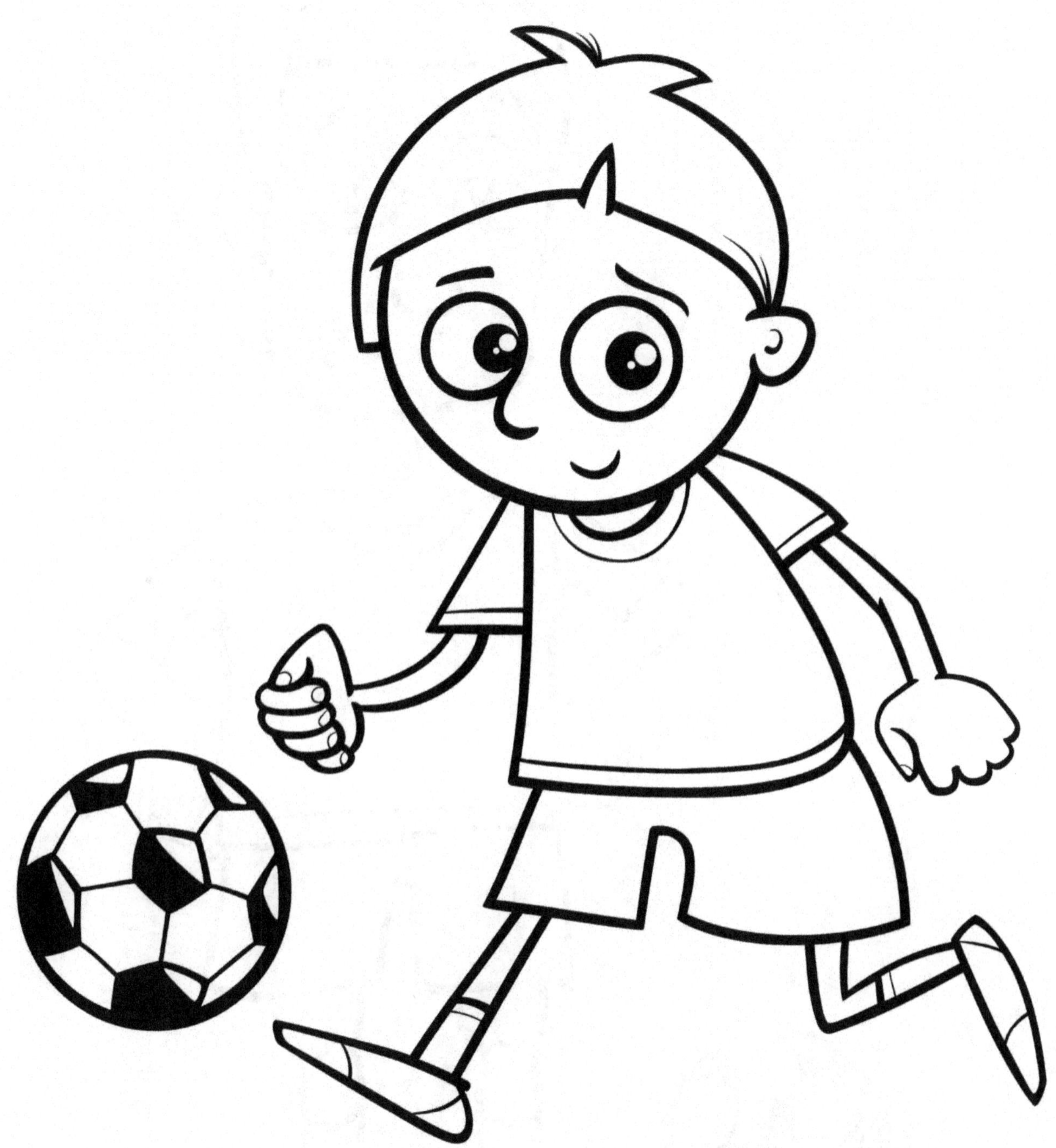

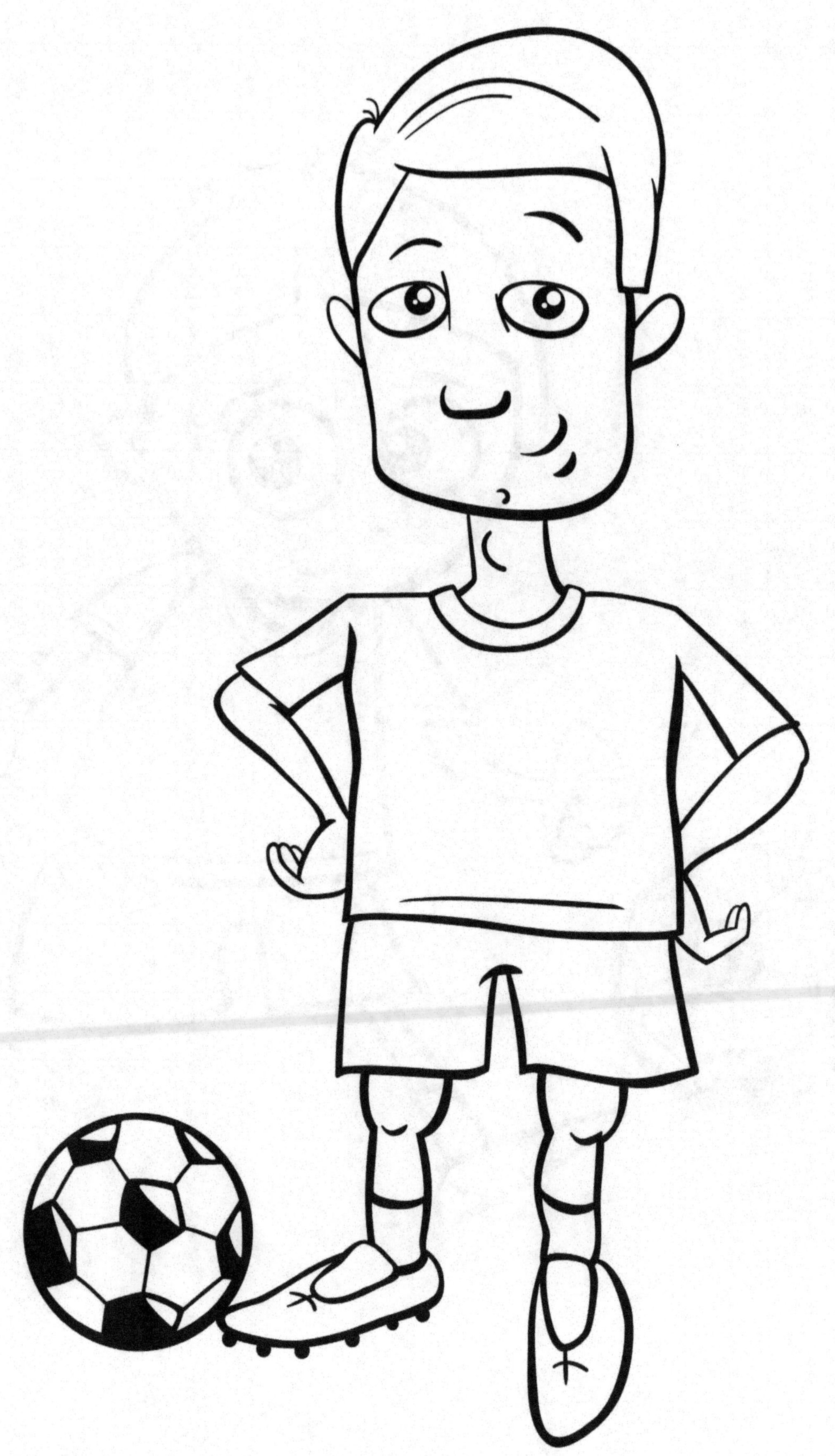

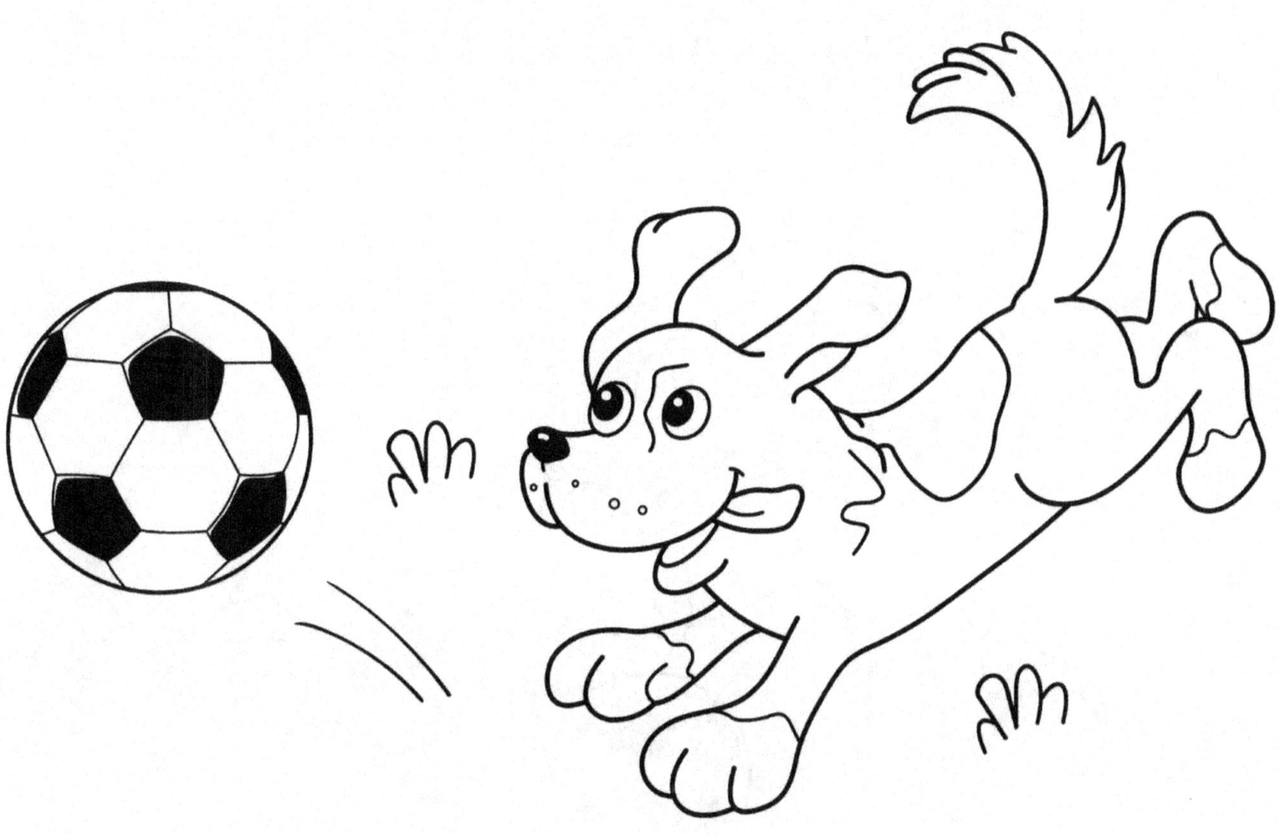

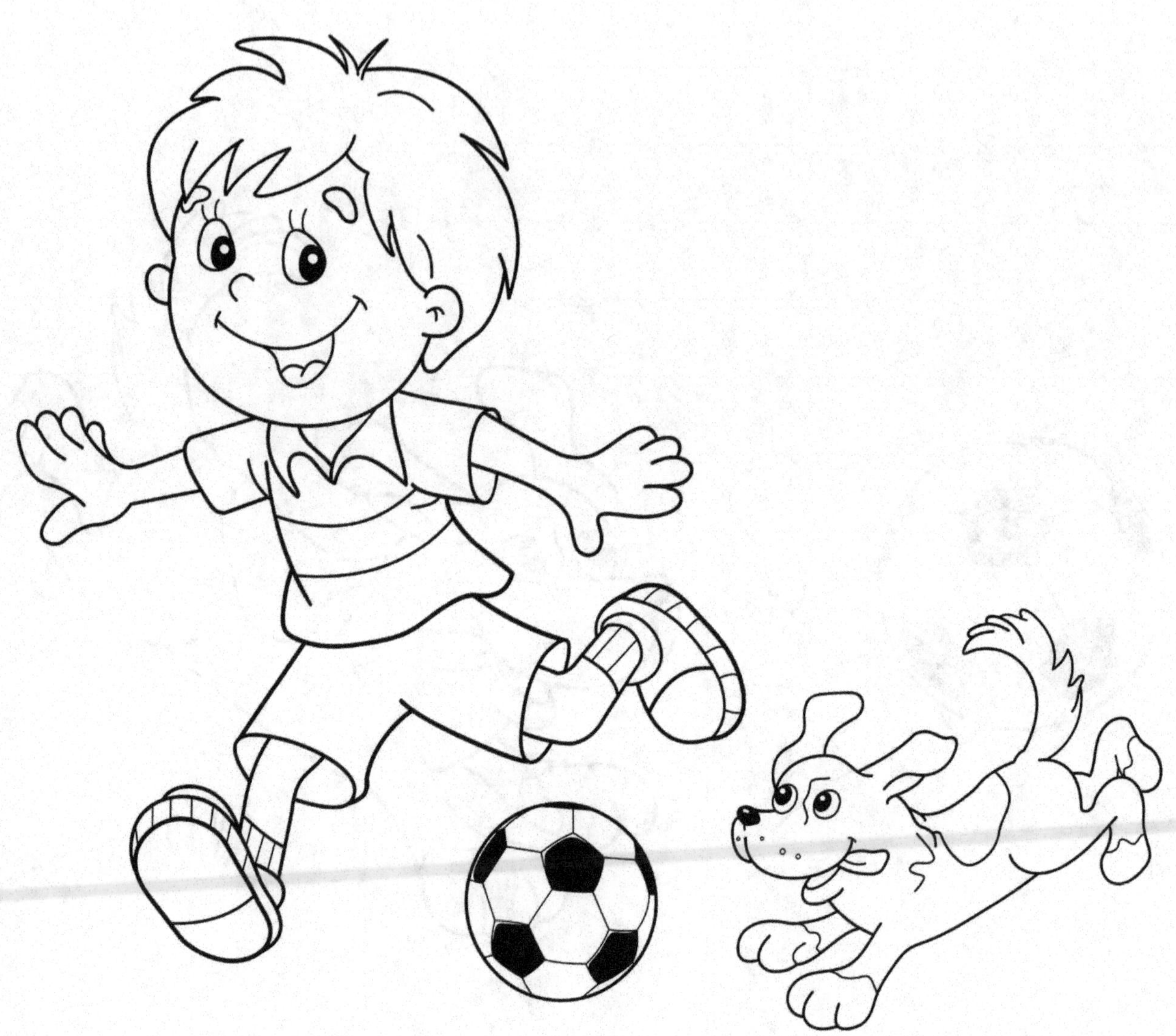

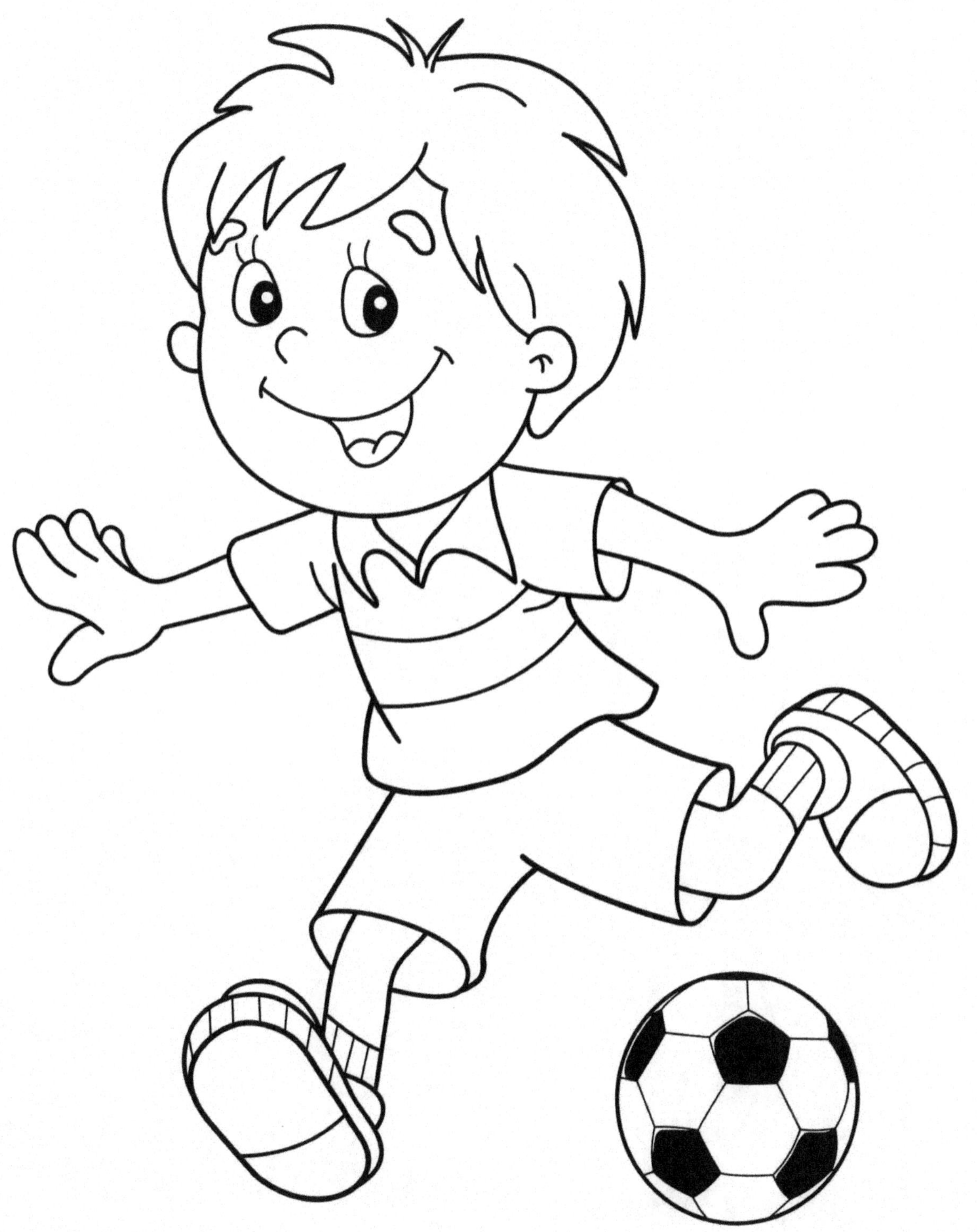